Hulk Hogan
Campeón de lucha libre

Heather Feldman

Traducción al español
Mauricio Velázquez de León

The Rosen Publishing Group's
Editorial Buenas Letras™
New York

1

Para Sophie Megan

Published in 2002 by The Rosen Publishing Group, Inc.
29 East 21st Street, New York, NY 10010

First Edition in Spanish 2002
First Edition in English 2001

Book Design: Michael de Guzman

Photo Credits: pp. 5, 9, 11, 13, 15, 17, 21 © Colin Bowman; pp. 7, 19 © The Everett Collection.

Feldman, Heather.
    Hulk Hogan : campeón de lucha libre / Heather Feldman : traducción al español Mauricio Velázquez de León.
      p. cm.— (Reading power)
    Includes index.
    Summary: A brief biography of the professional wrestler, focusing on his exploits in the ring, his career as a movie actor, and his charity work.
    ISBN 0-8239-6122-2 (alk. paper)
    1. Hogan, Hulk, 1955—Juvenile literature. 2. Wrestlers—United States—Biography—Juvenile literature. [1. Hogan, Hulk, 1955– 2. Wrestlers. 3. Spanish language materials.] I. Title.
II. Series.

GV1196.H64 F45 2001
796.812'092—dc21
[B]

Manufactured in the United States of America

Contenido

Hulk Hogan es un gran luchador. Hulk Hogan es muy fuerte.

5

Hulk Hogan utiliza una máquina para levantar pesas. Así se conserva en buena forma.

A Hulk Hogan le gusta mostrar sus músculos.

9

Hulk Hogan lucha en un cuadrilátero *(ring)*.
Hulk Hogan tiene muchos seguidores. ¡Muchas personas disfrutan al verlo luchar!

11

Hulk Hogan gana un cinturón de lucha. Es un campeón de lucha libre.

Hulk Hogan habla con un reportero. Los reporteros le hacen preguntas porque él es famoso. Hulk conoce a muchas personas.

Hulk Hogan conoce
a Muhammed Ali.

Hulk Hogan salió en la película *Rocky III*. Hulk interpretó a un luchador malvado de nombre *Thunderlips*.

Glosario

cinturón (el) Lo que obtiene un luchador cuando gana una lucha.

músculos (los) Órganos del cuerpo que se encuentran debajo de la piel y que pueden contraerse o estirarse para producir movimiento.

pesas (las) Objetos pesados que se levantan para hacer ejercicio.

reportero Una persona que trabaja en periódicos, radio o televisión y realiza reportajes o da noticias.

seguidores (los) Personas que siguen o admiran la carrera de una persona famosa.

Si quieres leer más acerca de la lucha libre, te recomendamos estos libros:

Wrestling Renegades: An In-Depth Look at Today's Superstars of Pro Wrestling
by Daniel Cohen
Archway (1999)

Superstars of Men's Pro Wrestling
by Matthew Hunter
Chelsea House Publishers (1998)

Para aprender más sobre Hulk Hogan visita esta página de Internet:

http://www.wcwwrestling.com/1999 /superstars/hogan/

Índice

Número de palabras: 128

Nota para bibliotecarios, maestros y padres de familia
Si leer es un reto, ¡Reading Power en español es la solución! Reading Power es ideal para lectores hispanoparlantes que buscan un nivel de lectura accesible en su propio idioma. Ilustrados con fotografías, estos libros presentan la información de manera atractiva y utilizan un vocabulario sencillo que tiene en cuenta las diferencias lingüísticas entre los lectores hispanos. Relacionando claramente texto con imágenes, los libros de Reading Power dan al lector todo el control. Ahora los lectores cuentan con el poder para obtener la información y la experiencia que necesitan en un ameno formato completamente ¡en español!

Note to Librarians, Teachers, and Parents
If reading is a challenge, Reading Power is a solution! Reading Power is perfect for readers who want high-interest subject matter at an accessible reading level. These fact-filled, photo-illustrated books are designed for readers who want straightforward vocabulary, engaging topics, and a manageable reading experience. With clear picture/text correspondence, leveled Reading Power books put the reader in charge. Now readers have the power to get the information they want and the skills they need in a user-friendly format.